Robson Dias

O peixinho e o rio

Pelo Espírito Vovó Amália

FEB

Copyright © 1998 *by*
FEDERAÇÃO ESPÍRITA BRASILEIRA – FEB

6ª edição - Impressão pequenas tiragens - 7/2025

ISBN 978-85-7328-734-9

Todos os direitos reservados. Nenhuma parte desta publicação pode ser reproduzida, armazenada ou transmitida, total ou parcialmente, por quaisquer métodos ou processos, sem autorização do detentor do *copyright*.

FEDERAÇÃO ESPÍRITA BRASILEIRA – FEB
SGAN 603 – Conjunto F – Avenida L2 Norte
70830-106 – Brasília (DF) – Brasil
www.febeditora.com.br
editorial@febnet.org.br
+55 61 2101 6161

Pedidos de livros à FEB
Comercial
Tel.: (61) 2101 6161 – comercial@febnet.org.br

Adquirindo esta obra, você está colaborando com as ações de assistência e promoção social da FEB e com o Movimento Espírita na divulgação do Evangelho de Jesus à luz do Espiritismo.

Dados Internacionais de Catalogação na Publicação (CIP)
(Federação Espírita Brasileira – Biblioteca de Obras Raras)

V973p   Vovó Amália (Espírito)

       O peixinho e o rio / pelo espírito Vovó Amália; [psicografado por] Robson Dias; [Ilustrações] Marcial de Ávila Júnior. 6. ed. – Impressão pequenas tiragens – Brasília: FEB, 2025.

       32 p.; il. color.; 21cm – (Coleção: As histórias que a vovó gosta de contar...)

       ISBN 978-85-7328-734-9

       1. Literatura infantil espírita. 2. Obras psicografadas. I. Dias, Robson, 1968–. II. Federação Espírita Brasileira. III. Título. IV. Coleção.

CDD 869.3
CDU 869.3
CDE 81.00.00

Caro Professor,

As histórias cênicas e a música são recursos que podemos usar como uma possibilidade a mais para ajudar os alunos na construção de seus conhecimentos. Podemos perceber que, ao contar uma história, criamos um ambiente que propicia ao professor e ao aluno o aprendizado da arte de viver a realidade e a fantasia. Nestes momentos mágicos, o encontro entre pessoas se torna mais aconchegante, mais descontraído, mais harmonioso. É um encantamento que não tem idade. Todos se envolvem e vivem as emoções das histórias, onde, muitas vezes, as situações vividas pelos personagens podem levar o aluno a identificar-se com elas, possibilitando-lhe novos entendimentos e soluções de suas dúvidas. Aproveitando a história, o professor pode usá-la na busca de "verdades" e na discussão de valores que precisam ser claramente entendidos.

No caso específico desta história, vemos o peixinho Harmonildo tentando, por meio de um grande discurso, estabelecer a paz entre seus amigos, sem, contudo, nada conseguir. Cansado da situação resolveu aconselhar-se com a Grande Tartaruga, sua amiga. Esta passagem é muito oportuna para debater o respeito que se deve ter com os mais velhos. Reconhecê-los como pessoas que, por já terem vivido mais possuem mais experiências, acumularam mais conhecimentos, tendo, portanto, mais condições de ajudar os mais novos. Outra parte importante para ser comentada com o aluno é a que diz respeito à necessidade de se ir à raiz, à origem das coisas, antes de tentar resolvê-las. Muitas vezes as grandes soluções estão nas coisas simples. O diálogo final da Grande Tartaruga com o peixinho também apresenta grandes ensinamentos, como: as *ações* e não apenas as *palavras* se transformam em gotinhas de *paz* e *harmonia,* é necessário vencer o *orgulho* e o *egoísmo,* só consegue praticar o bem, cultivar a *paz* e a *harmonia* quem sabe *perdoar,* só quem sabe *perdoar* saberá *amar,* a *paz* não pode ser construída apenas com *palavras*, mas com ações e *exemplos vividos*.

E assim, contando ou lendo as histórias, você, professor, pode ajudar o aluno a construir a sua identidade, a buscar novos caminhos e até mesmo modificar e compreender criticamente os valores que devem ser vivenciados como garantia de um mundo melhor e mais feliz para todos.

Ana Maria Carneiro

Livro da série
As histórias que a vovó gosta de contar...

Dentro da floresta existia um rio cercado de flores e de grandes pedras. Moravam dentro dele muitos peixinhos coloridos.

Harmonildo era um peixinho diferente. Sempre que percebia alguma desavença entre os seus amigos peixes, fazia um grande discurso:

— O nosso rio precisa de paz. Parem com esta briga. Vamos todos lutar, unidos, buscando alcançar um ambiente de mais harmonia e felicidade.

E continuava:

— Vocês acreditam que serão felizes, brigando assim? — e falava e falava...

Muitas vezes, quando percebia, estava falando sozinho. Todos já tinham ido embora.

Outras vezes, um monte de peixes ficava ao seu redor, rindo. Por esta razão estava sempre muito triste.

Certo dia, cansado desta situação, resolveu aconselhar-se com a Grande Tartaruga. Naquele rio não existia ninguém mais inteligente. Ela era calma e saberia aconselhá-lo bem.

Nadou até a sua casa. Chegando lá, conversaram muito tempo. Ele contou tudo o que estava acontecendo. Falou que os amigos zombavam dele porque desejava que todos vivessem em harmonia, sem brigas e discussões.

A Grande Tartaruga pensou, pensou e lhe disse:

— Bem, o que você deseja é muito útil. Estamos diante de um grave problema que exige uma solução.

Pensou mais um pouco e concluiu:

— Para você poder ensinar como viver em paz aos peixinhos deste rio, será necessário que descubra a raiz de tudo, ou seja, como nasce este rio.

Estas palavras foram ditas em tom tão solene que Harmonildo ficou maravilhado!

— Nossa! e como farei isso? — perguntou intrigado.

— Fácil, é só nadar contra a correnteza. Nade rio acima e você descobrirá.

— Verdade? Vou partir agora mesmo. Nadarei rio acima e quando chegar no início dele serei o peixinho mais feliz que já nasceu. Poderei contar a todos o que descobri e...

— Sim, sim — interrompeu a Grande Tartaruga —. Quando descobrir, volte aqui para me contar.

E assim o peixinho começou a sua jornada. Passou por uma porção de lugares que nunca tinha visto antes, lugares lindos, e percebia como era grande o rio em que vivia.

Percebeu também que, quanto mais subia, menos água tinha o rio. E pensou: "Puxa, como está ficando difícil..."

Nadou durante muitos dias, até que chegou a um filete tão pequenino de água no qual só cabia ele. Mesmo assim, prosseguiu.

Encontrou, então, um lago que mais parecia uma grande poça de água. Percebeu que não podia continuar. O rio acabava ali. "Que estranho!" – pensou – "como será que nasce este rio?"

Olhou para um lado, olhou para o outro e viu lá no fundo um movimento esquisito de água. Aproximou-se, olhou para cima e percebeu que corriam por entre as pedras algumas gotinhas de água.

Ficou ali parado, olhando, pensando, até que...

— Nossa! — exclamou com espanto — aquelas gotas que caem lá de cima formam este pequeno poço de água. Como elas não param de cair, o poço enche, corre naquele filete de água que me trouxe até aqui e que, por sua vez, forma aquele rio imenso onde eu nasci.

— Descobri! Descobri!... — gritava alto e dava saltos de alegria.

Decidiu que deveria voltar correndo.

— Vou contar tudo à Grande Tartaruga. Ela não vai acreditar...
E foi ao encontro de sua amiga.

Retornou à entrada do poço, desceu correndo pelo filete de água, nadou pelo rio afora e chegou sem demora à casa da Grande Tartaruga. Contou-lhe o que havia descoberto. A Grande Tartaruga ouvia com muita calma e sem nenhuma surpresa. Desconfiado de sua atitude e de sua grande tranquilidade, perguntou-lhe:

— Minha amiga, por acaso já sabia de tudo o que lhe estou contando?

— Sim! — respondeu, para espanto dele.

— O quê? — perguntou, indignado — A senhora já sabia de tudo e me mandou fazer essa viagem toda?

— Certo, achei necessário.

— A senhora está pensando que eu sou o quê, hein!?

Já começava a ficar bravo quando a Grande Tartaruga interrompeu-o.

— Acalme-se, meu amigo, e me responda: o que você procurava quando subiu o rio?

— Descobrir como ele nasce. — respondeu meio chateado.

— E para que queria saber isso?

— Queria achar uma maneira de resolver meus problemas. Não quero mais que os amigos caçoem de mim. Quero que me entendam. Não foi a senhora que falou que, se eu subisse o rio e encontrasse sua nascente, encontraria também as respostas que tanto procuro?

— É verdade. As grandes soluções estão sempre nas coisas mais simples.

— Não estou entendendo mais nada — falou o peixinho aflito.

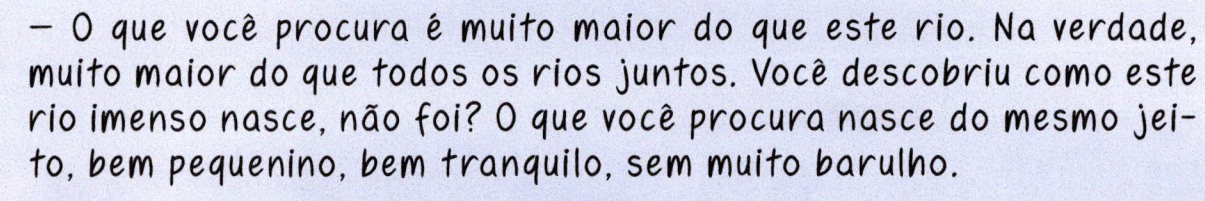

— O que você procura é muito maior do que este rio. Na verdade, muito maior do que todos os rios juntos. Você descobriu como este rio imenso nasce, não foi? O que você procura nasce do mesmo jeito, bem pequenino, bem tranquilo, sem muito barulho.

— A paz nasce como as gotinhas que caem nas pedras? — perguntou espantado.

— É mais ou menos assim — respondeu-lhe a Grande Tartaruga com um bondoso sorriso. — Imagine que aquelas gotinhas que formam este rio imenso sejam as suas ações. Se as suas ações transformarem-se em gotinhas de paz, de harmonia, formarão um grande rio de bênçãos que vai enfeitar a vida de todos ao seu redor, entendeu?

— Bem... — respondeu meio hesitante.

— Não pense que será fácil. Você terá que nadar contra a correnteza do orgulho e do egoísmo. Só consegue praticar o bem, cultivar a paz, a harmonia, quem sabe perdoar. E quem sabe perdoar, sabe amar.

Puxando o peixinho para mais próximo de seu coração, continuou:

— Sabe qual foi seu maior erro?

— Não — respondeu o peixinho.

— O seu erro foi pensar que poderia construir a paz com suas palavras. Elas eram bonitas, mas, como as flores que ornamentam o rio, algumas vezes podem até servir de alimento, mas o rio não é formado por elas. Nenhum ideal nobre pode ser alcançado apenas com palavras. É necessário o exemplo, é necessário algo mais...

O peixinho deu um abraço apertado na Grande Tartaruga e disse:

— Obrigado por tudo que me ensinou. Agora, realmente, entendo. Vou me esforçar. Através de meus atos darei o exemplo e farei tudo com amor.

— Sim, agora você entendeu. Tenho certeza de que, se passar a agir assim, será muito feliz e muitos aprenderão com a sua experiência.

E Harmonildo voltou para a sua casa, feliz porque havia compreendido a lição.

EDIÇÕES DE O PEIXINHO E O RIO				
EDIÇÃO	IMPRESSÃO	ANO	TIRAGEM	FORMATO
1	1	1998	5.000	22x26
2	1	2001	3.000	22x26
3	1	2003	5.000	22x26
4	1	2003	5.000	22x26
5	1	2010	2.000	22x26
6	1	2013	2.000	21x21
6	IPT*	2022	50	21x21
6	IPT	2023	50	21x21
6	IPT	2024	50	21x21
6	IPT	2024	50	21x21

*Impressão pequenas tiragens

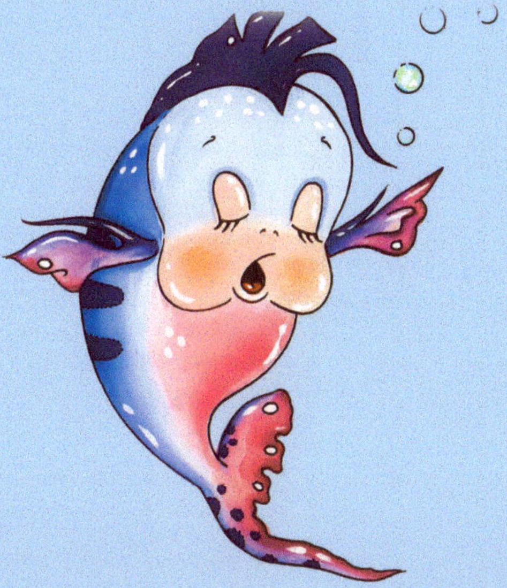

FEB editora
Livro espírita para um novo mundo
www.febeditora.com.br
@febeditoraoficial
@febeditora

Conselho Editorial:
Carlos Roberto Campetti
Cirne Ferreira de Araújo
Evandro Noleto Bezerra
Geraldo Campetti Sobrinho – Coord. Editorial
Jorge Godinho Barreto Nery – Presidente
Maria de Lourdes Pereira de Oliveira
Miriam Lúcia Herrera Masotti Dusi

Produção Editorial:
Elizabete de Jesus Moreira

Revisão:
Elizabete de Jesus Moreira

Capa, Projeto Gráfico e Diagramação:
Isis F. de Albuquerque Cavalcante

Ilustrações:
Marcial da Luz de Ávila Júnior

Normalização técnica:
Biblioteca de Obras Raras e Documentos Patrimoniais do Livro

Esta edição foi impressa no sistema de Impressão pequenas tiragens, em formato fechado de 210x210 mm. Os papéis utilizados foram o Couche fosco 90 g/m² para o miolo e o Cartão 250 g/m² para a capa. O texto principal foi composto em fonte Fenario 14/18. Impresso no Brasil. *Presita en Brazilo.*